BEI GRIN MACHT SICH IHR WISSEN BEZAHLT

Udo Rosowski

Erfahrungswissen wieder gefragt

GRIN Verlag

Bibliografische Information der Deutschen Nationalbibliothek:

Die Deutsche Bibliothek verzeichnet diese Publikation in der Deutschen National-
bibliografie; detaillierte bibliografische Daten sind im Internet über http://dnb.d-
nb.de/ abrufbar.

Impressum:

Copyright © 2000 GRIN Verlag GmbH
Druck und Bindung: Books on Demand GmbH, Norderstedt Germany
ISBN: 978-3-656-46912-4

Dieses Buch bei GRIN:

http://www.grin.com/de/e-book/111288/erfahrungswissen-wieder-gefragt

GRIN - Your knowledge has value

Der GRIN Verlag publiziert seit 1998 wissenschaftliche Arbeiten von Studenten, Hochschullehrern und anderen Akademikern als eBook und gedrucktes Buch. Die Verlagswebsite www.grin.com ist die ideale Plattform zur Veröffentlichung von Hausarbeiten, Abschlussarbeiten, wissenschaftlichen Aufsätzen, Dissertationen und Fachbüchern.

Besuchen Sie uns im Internet:

http://www.grin.com/

http://www.facebook.com/grincom

http://www.twitter.com/grin_com

Erfahrungswissen wieder gefragt

von Udo Rosowski

Erst das Frühverrentungsprogramm des RWE brachte offenbar das Fass zum überlaufen: Arbeitnehmer mit 51 Jahren aus dem Arbeitsleben zu entlassen und den Sozialkassen zu überantworten; das konnte doch wohl so nicht richtig sein.

Konnte es wirklich so weitergehen, rigoros ältere Arbeitnehmer gleich ob in Fertigung oder Management durch junge, dynamische Dreißigjährige zu ersetzen? Haben nicht die freigesetzten Mitarbeiter in ihrer langjährigen Berufspraxis ein Erfahrungswissen erworben, das jüngere Mitarbeiter gar nicht besitzen können? Haben nicht jene Mitarbeiter in Ihren Arbeitsjahren auch den technischen Fortschritt und die Änderung von Arbeits- und Produktionsverfahren mit vollzogen, so dass sie unabhängig von förmlichen Qualifikationsnachweisen in ihrem Arbeitsgebiet in der Regel auf der H he der Zeit sind? Gelten Zertifikate mehr als jahrzehntelange Praxis?

Kein Monteur am Fließband arbeitet heute mehr so wie vor 20 Jahren, kein Mitarbeiter in der Verwaltung sitzt heute noch hinter der Schreibmaschine. Bei Tätigkeiten mit hoher körperlicher Beanspruchung mag eine Einschränkung der körperlichen Leistungsfähigkeit feststellbar sein. Längst sollte es aber kein Problem sein, betriebliche Prozesse altersgerecht zu gestalten. Es ist gilt als wissenschaftlich gesichert, dass bei älteren Mitarbeitern bestimmte Fähigkeiten wie Systemdenken und Kooperationsfähigkeit gleich bleiben, andere Fähigkeiten wie Urteilsfähigkeit und Besonnenheit sogar zunehmen.

Erfreulich auch in diesem Zusammenhang ist die Tatsache, dass die Unternehmensvorstände einen Erziehungsurlaub für männliche (!) Führungskräfte durchaus befürworten, da die Bewältigung von Kindererziehung und Haushalt als ein wichtiger sozialer Reifungsprozess und förderlich für Teamfähigkeit und Sozialkompetenz angesehen wird.

Kommen wir also weg vom Motto 'jung, dynamisch, rücksichtslos' von Führungskräften, die nach BWL-Studium und zwei Jahren Trainee als Endzwanziger Single weitgehend ohne Lebens- und Berufserfahrung die Geschicke der Unternehmen und damit auch der Mitarbeiter bestimmen?

Altern kann nicht mehr länger nur als negative Veränderung der individuellen Fähigkeiten gesehen werden. Altern muss vielmehr als integrativer Bestandteil der Fähigkeiten und der betrieblichen Kultur eines Unternehmens betrachtet werden.

Altern kann positiv bewältigt werden, wenn alle Möglichkeiten der Arbeitsplatzgestaltung und der Personalentwicklung genutzt werden.

In einer Zeit der lernenden Unternehmen wurde es Zeit, umzudenken.

Rheinische Post, Gesamtausgabe Wirtschaft